Impressum
Verlag: BABADADA GmbH, Nedderfeld 112 , 22529 Hamburg
Geschäftsführer / Verlagsleitung: Harald Hof
Druck: Books on Demand GmbH, In de Tarpen 42, 22848 Norderstedt

Imprint
Publisher: BABADADA GmbH, Nedderfeld 112 , 22529 Hamburg, Germany
Managing Director / Publishing direction: Harald Hof
Print: Books on Demand GmbH, In de Tarpen 42, 22848 Norderstedt

el colegio
skool

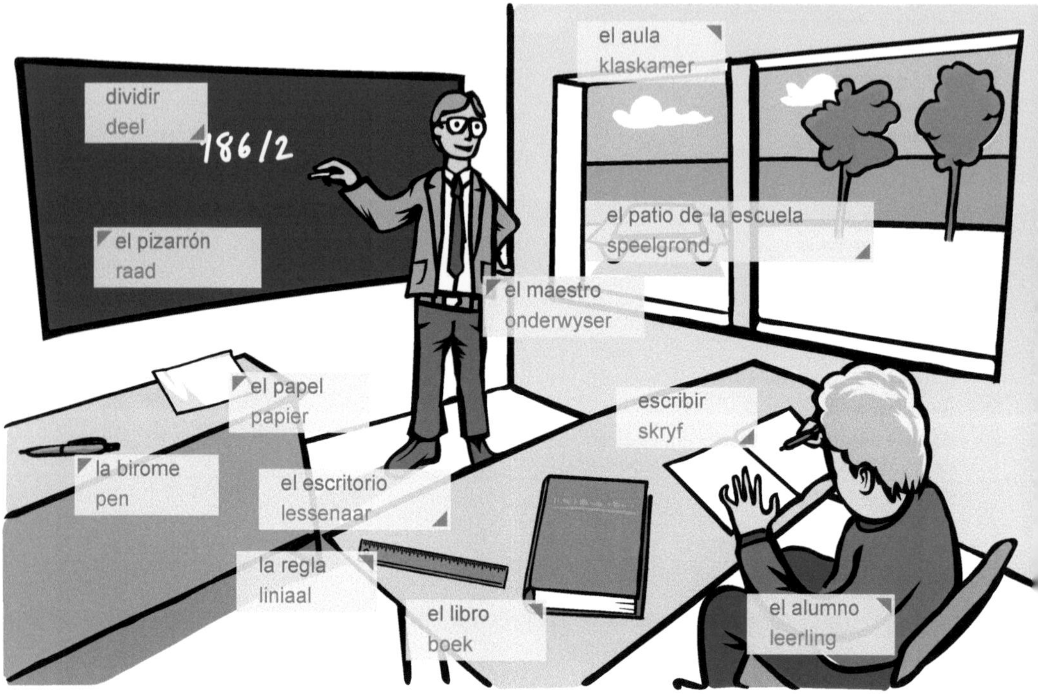

el aula
klaskamer
dividir
deel
186/2
el pizarrón
raad
el patio de la escuela
speelgrond
el maestro
onderwyser
el papel
papier
escribir
skryf
la birome
pen
el escritorio
lessenaar
la regla
liniaal
el libro
boek
el alumno
leerling

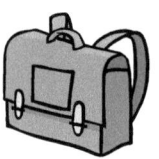

la mochila
skooltas

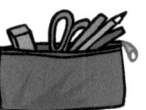

la caja de lápices
potloodhouer

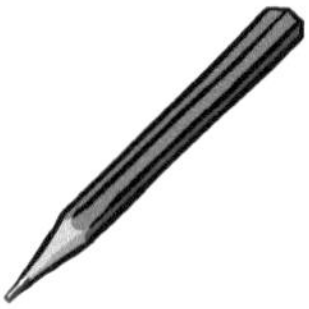

el lápiz
potlood

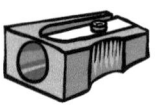

el sacapuntas
skerpmaker

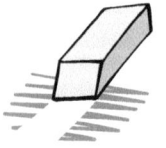

la goma (de borrar)
rubber

el bloc de dibujo
tekenblok

el dibujo
tekening

el pincel
verfkwas

la caja de pinturas
verfoppervlak

la tijera
skêr

el pegamento
gom

el cuaderno de ejercicios
oefenboek

la tarea
huiswerk

el número
aantal

sumar
optel

restar
aftrek

multiplicar
maal

calcular
bereken

la letra
brief

el abecedario
alaphabet

la palabra
woord

el texto

teks

leer

lees

la tiza

kryt

la lección

les

el cuaderno de clase

registreer

el examen

eksamen

el certificado

sertifikaat

el uniforme escolar

skooluniform

la educación

onderwys

la enciclopedia

ensiklopedie

la universidad

universiteit

el microscopio

mikroskoop

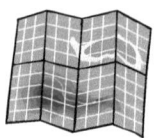

el mapa

kaart

el tacho (de basura)

vullisdrom

el viaje
reis

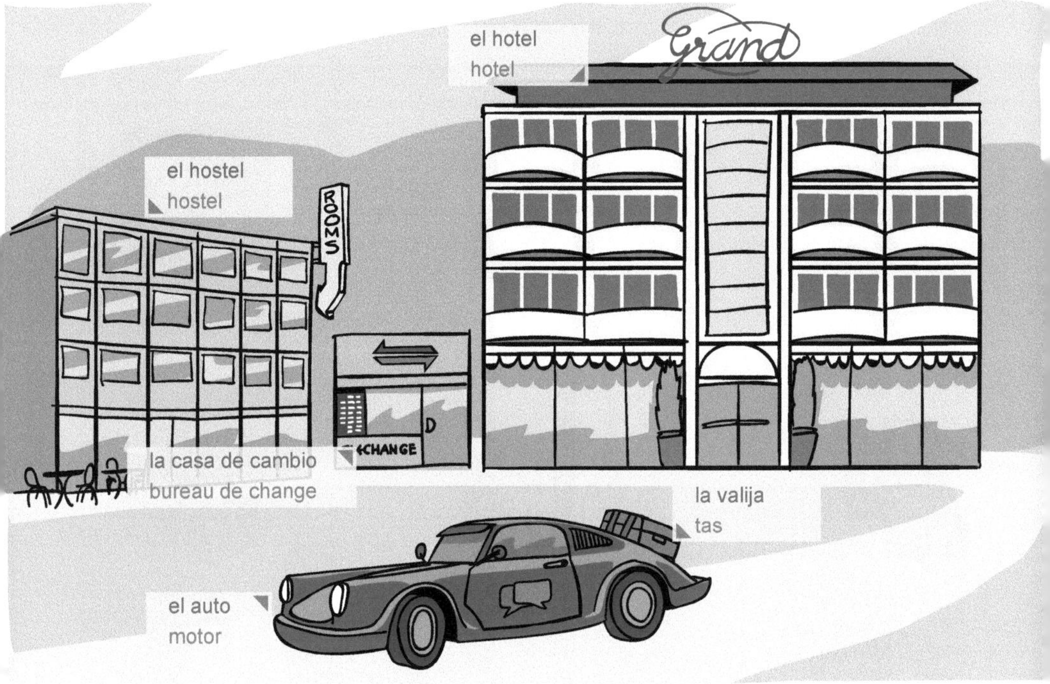

el hotel
hotel
Grand
el hostel
hostel
ROOMS
la casa de cambio
bureau de change
€CHANGE
la valija
tas
el auto
motor

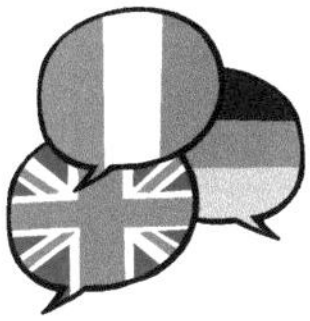

el idioma
taal

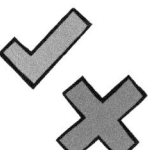

sí / no
ja / nee

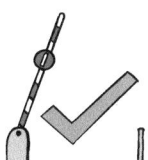

Está bien
Goed

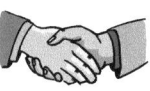

hola
hallo

el traductor
vertaler

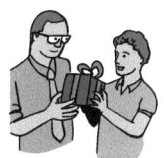

Gracias
Dankie

¿cuánto cuesta...?

hoeveel is...?

No entiendo

Ek verstaan nie

el problema

probleem

¡Buenas tardes!

Goeie naand!

¡Buenos días!

Goeie môre!

¡Buenas noches!

Goeie nag!

el adiós

totsiens

la dirección

rigting

el equipaje

bagasie

el bolso

sak

la mochila

rugsak

el invitado

gas

la habitación

kamer

la bolsa de dormir

slaapsak

la carpa

tent

la información turística

toeriste-inligting

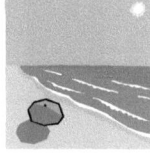

la playa

strand

la tarjeta de crédito

kredietkaart

el desayuno

ontbyt

el almuerzo

middagete

la cena

aandete

el pasaje

kaartjie

el ascensor

hysbak

el sello

posseël

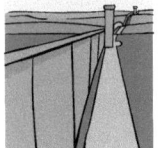

la frontera

grens

la aduana

doeane

la embajada

ambassade

la visa

visum

el pasaporte

paspoort

el transporte

vervoer

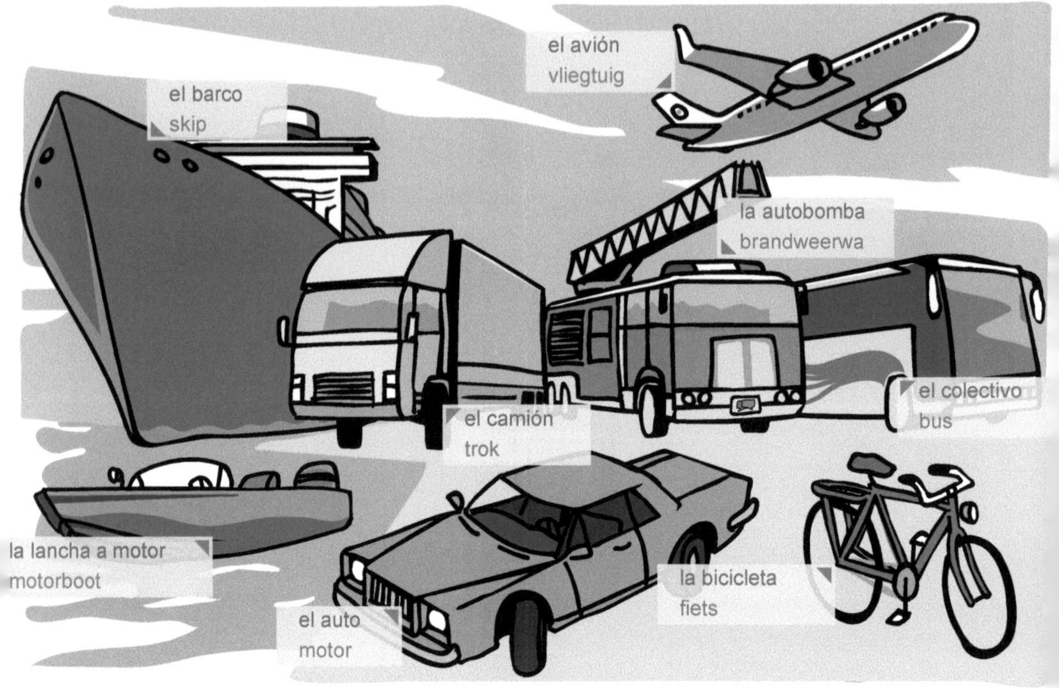
el avión
vliegtuig
el barco
skip
la autobomba
brandweerwa
el colectivo
bus
el camión
trok
la lancha a motor
motorboot
la bicicleta
fiets
el auto
motor

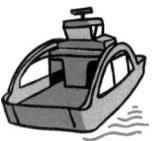

el ferry

veerboot

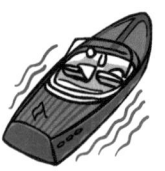

el bote

boot

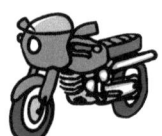

la moto

motorfiets

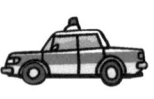

el patrullero

polisiemotor

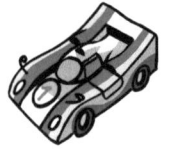

el auto de carreras

renmotor

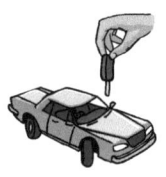

el auto de alquiler

huurmotor

el alquiler de autos

car-sharing

la grúa

insleepvoertuig

el camión de la basura

vullisverwydering

el motor

enjin

la nafta

brandstof

la estación de servicio

vulstasie

la señal de tránsito

verkeersteken

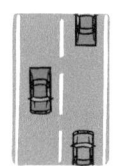

el tránsito

verkeer

el embotellamiento

verkeersknoop

el estacionamiento

parkeerplek

la estación de tren

stasie

las vías

spore

el tren

trein

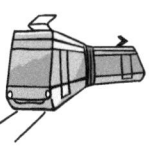

el tranvía

tram

el vagón

wa

el helicóptero
helikopter

el aeropuerto
lughawe

la torre
toring

el pasajero
passasier

el contenedor
houer

la caja de cartón
karton

la carretilla
karretjie

la canasta
mandjie

despegar / aterrizar
opstyg / land

la ciudad

stad

el pueblo
dorpie

el centro de la ciudad
middestad

la casa
huis

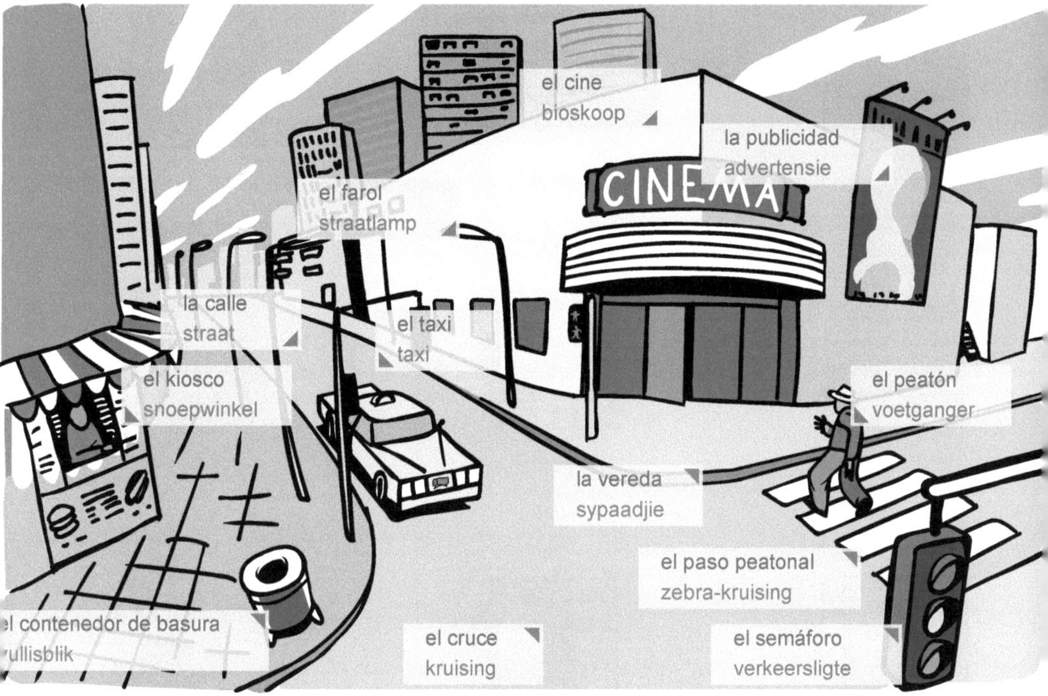

el cine
bioskoop

la publicidad
advertensie

el farol
straatlamp

CINEMA

la calle
straat

el taxi
taxi

el kiosco
snoepwinkel

el peatón
voetganger

la vereda
sypaadjie

el paso peatonal
zebra-kruising

el contenedor de basura
vullisblik

el cruce
kruising

el semáforo
verkeersligte

la cabaña
....
hut

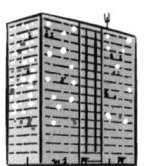

el departamento
....
woonstel

la estación de tren
....
stasie

la municipalidad
....
stadsaal

el museo
....
museum

el colegio
....
skool

la universidad

universiteit

el banco

bank

el hospital

hospitaal

el hotel

hotel

la farmacia

apteek

la oficina

kantoor

la librería

boekwinkel

el negocio

winkel

la florería

bloemis

el supermercado

supermark

el mercado

mark

las grandes tiendas

handelshuis

la pescadería

viswinkel

el centro comercial

inkopiesentrum

el puerto

hawe

el parque
park

el banco
bankie

el puente
brug

las escaleras
trappe

el subte
moltrein

el túnel
tonnel

la parada del colectivo
bushalte

el bar
kroeg

el restaurante
restaurant

el buzón
posbus

el letrero
straatnaambord

el parquímetro
parkeermeter

el zoológico
dieretuin

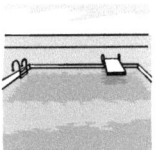

la pileta
swembad

la mezquita
moskee

la granja
plaas

la contaminación
besoedeling

el cementerio
begraafplaas

la iglesia
kerk

los juegos infantiles
speelgrond

el templo
tempel

el paisaje
landskap

la hoja
blaar

el poste indicador
padwyser

el camino
pad

la pradera
weiland

la piedra
klip

el excursionista
voetslaner

el árbol
boom

el río
rivier

la hierba
gras

la flor
blom

el valle
vallei

la montaña
heuwel

el lago
meer

el bosque
bos

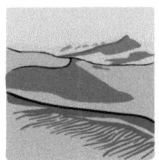

el desierto
woestyn

el volcán
vulkaan

el castillo
kasteel

el arco iris
reënboog

el champiñón
sampioen

la palmera
palmboom

el mosquito
muskiet

la mosca
vlieg

la hormiga
mier

la abeja
by

la araña
spinnekop

el escarabajo

miskruier

la rana

padda

la ardilla

eekhoring

el erizo

krimpvarkie

la liebre

haas

la lechuza

uil

el pájaro

voël

el cisne

swaan

el jabalí

wildevark

el ciervo

takbok

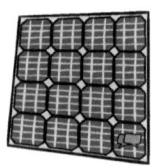

el alce

elk

la presa

opgaardam

el aerogenerador

windturbine

el panel solar

sonpaneel

el clima

klimaat

el restaurante
restaurant

el mozo
kelner
el menú
menu
la silla
stoel
la sopa
sop
la pizza
pizza
los cubiertos
eetgerei
el mantel
tafeldoek

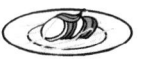

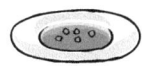

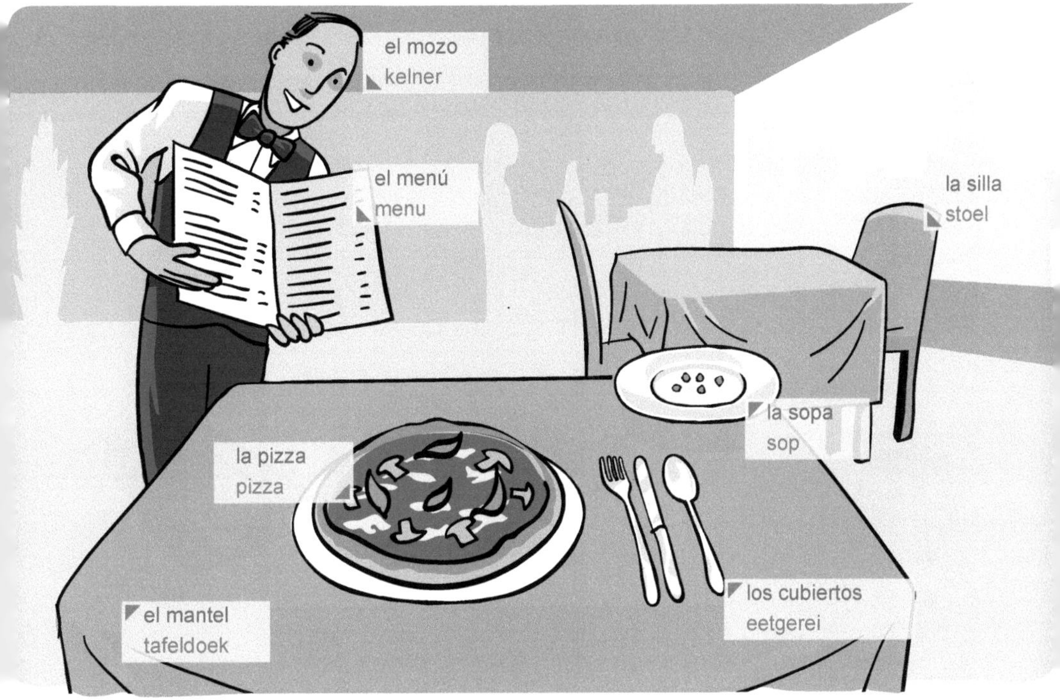

la entrada

voorgereg

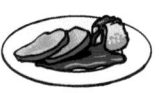

el plato principal

hoofgereg

el postre

nagereg

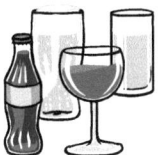

las bebidas

drankies

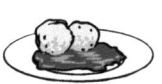

la comida

kos

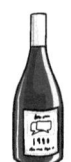

la botella

bottel

la comida rápida

kitskos

la comida callejera

straatkos

la tetera

teepot

la azucarera

suikerverpakking

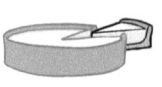

la porción

porsie

la cafetera expreso

espresso masjien

la sillita alta

hoë stoel

la cuenta

rekening

la bandeja

skinkbord

el cuchillo

mes

el tenedor

vurk

la cuchara

lepel

la cucharita

teelepel

la servilleta

servet

el vaso

glas

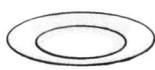

el plato

gereg

el plato hondo

sopbakkie

el plato

piering

la salsa

sous

el salero

soutpot

el molinillo de pimienta

pepermeul

el vinagre

asyn

el aceite

olie

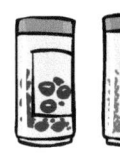

las especias

speserye

el kétchup

tamatiesous

la mostaza

mosterd

la mayonesa

mayonaise

el supermercado
supermark

la oferta especial
spesiale aanbieding
FOR
el cliente
kliënt
los lácteos
suiwelprodukte
la fruta
vrugte
el changuito
trollie

BUTCHERS

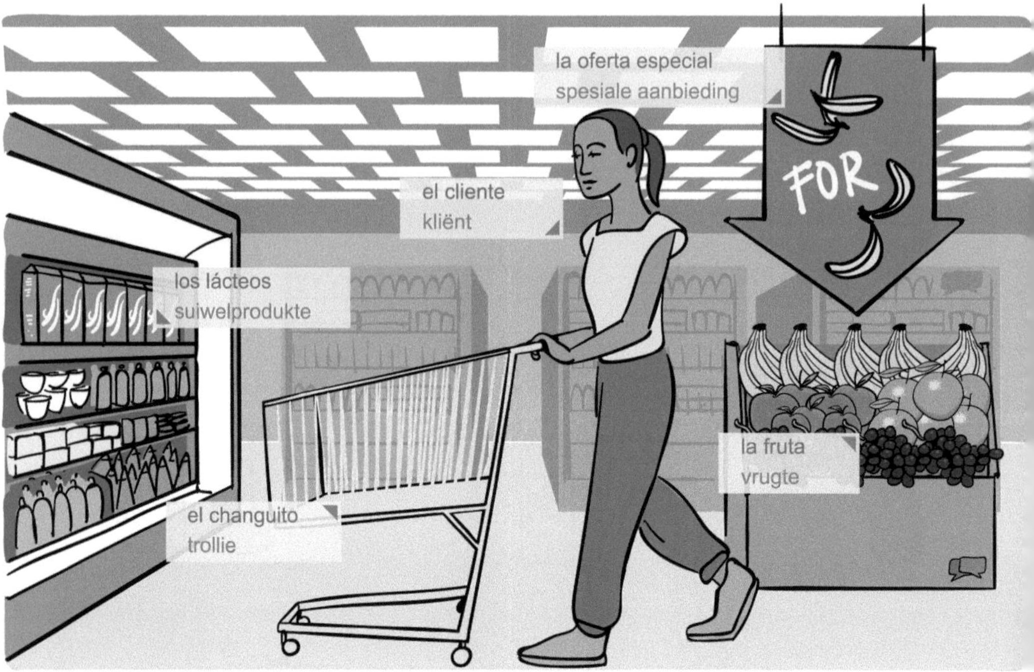

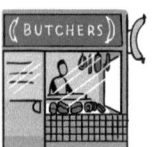

la carnicería

slaghuis

BAKERY

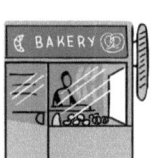

la panadería

bakkery

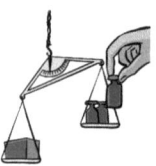

pesar

weeg

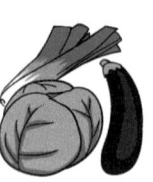

las verduras

groente

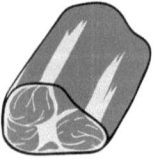

la carne

vleis

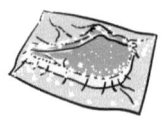

los alimentos congelados

bevrore voedsel

los fiambres

kouevleis

los alimentos enlatados

blikkieskos

el detergente en polvo

waspoeier

las golosinas

lekkers

los electrodomésticos

huishoudelike produkte

los productos de limpieza

skoonmaakprodukte

la vendedora

verkoopsvrou

la caja

kasregister

el cajero

kassier

la lista de compras

inkopielys

el horario de atención

besigheidsure

la billetera

beursie

la tarjeta de crédito

kredietkaart

la cartera

sak

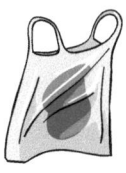

la bolsa de plástico

plastieksak

las bebidas
drankies

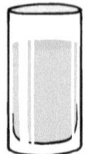

el agua

water

el jugo

sap

la leche

melk

la bebida cola

coke

el vino

wyn

la cerveza

bier

el alcohol

alkohol

el cacao

kakao

el té

tee

el café

koffie

el café expreso

espresso

el cappuccino

cappuccino

la banana

piesang

la manzana

appel

la naranja

lemoen

el melón

waatlemoen

el limón

suurlemoen

la zanahoria

wortel

el ajo

knoffel

el bambú

bamboes

la cebolla

ui

el champiñón

sampioen

las nueces

neute

los fideos

noedels

los tallarines

spaghetti

el arroz

rys

la ensalada

slaai

las papas fritas

aartappelskyfies

las papas fritas

gebraaide aartappels

la pizza

pizza

la hamburguesa

hamburger

el sándwich

toebroodjie

el churrasco

kotelet

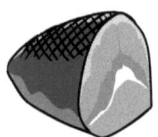

el jamón

ham

el salame

salami

la salchicha

wors

el pollo

hoender

el asado

braaivleis

el pescado

vis

los copos de avena

hawermoutflokkies

el muesli

muesli

los copos de maíz

graanvlokkies

la harina

meel

la medialuna

croissant

el pancito

broodrolletjie

el pan

brood

la tostada

roosterbrood

las galletitas

koekies

la manteca

botter

la cuajada

dikmelk

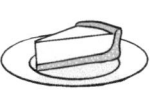

la torta

koek

el huevo

eier

el huevo frito

gebraaide eier

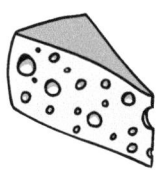

el queso

kaas

el helado

roomys

el azúcar

suiker

la miel

heuning

la mermelada

konfyt

la pasta de chocolate

nougat-smeer

el curry

kerrie

la granja
plaas

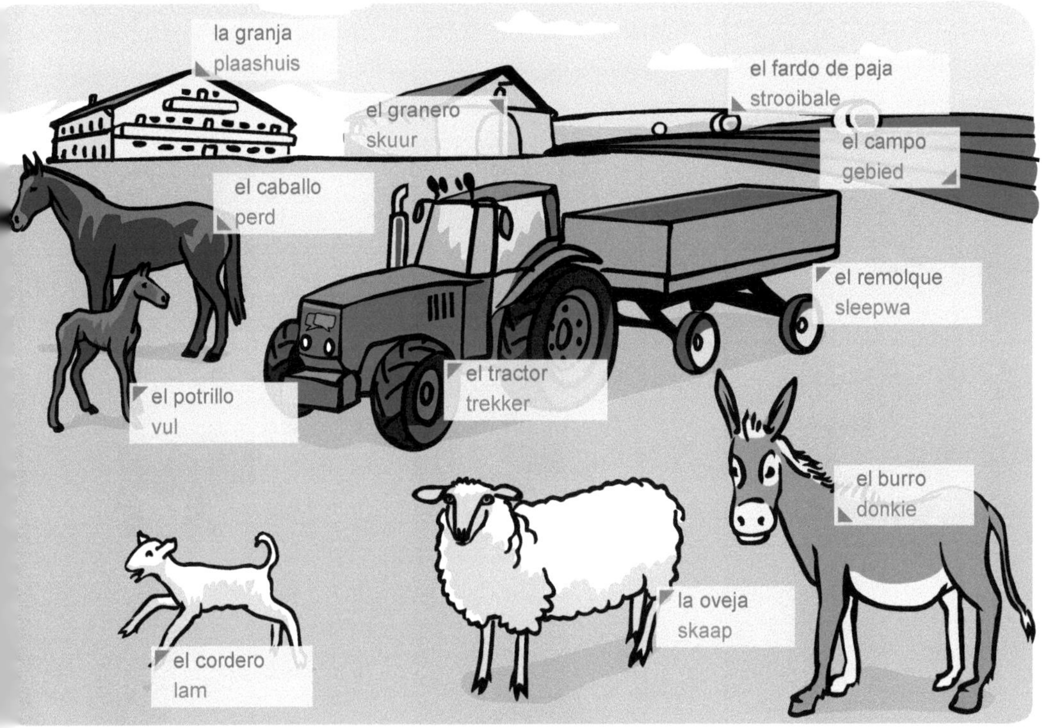
la granja
plaashuis
el fardo de paja
strooibale
el granero
skuur
el campo
gebied
el caballo
perd
el remolque
sleepwa
el tractor
trekker
el potrillo
vul
el burro
donkie
la oveja
skaap
el cordero
lam

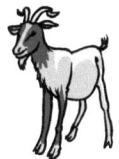

la cabra
bok

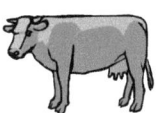

la vaca
koei

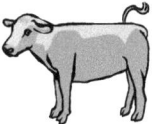

el ternero
kalf

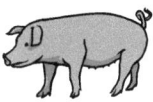

el cerdo
vark

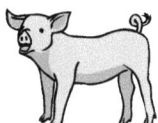

el lechón
varkie

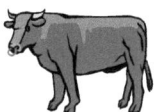

el toro
bul

el ganso

gans

el pato

eend

el pollo

kuiken

la gallina

hen

el gallo

haan

la rata

rot

el gato

kat

el ratón

muis

el buey

os

el perro

hond

la cucha

hondehok

la manguera

tuinslang

la regadera

gieter

la guadaña

sens

el arado

ploeg

la hoz

sekel

la azada

skoffel

la horquilla

gaffel

el hacha

byl

la carretilla

kruiwa

el abrevadero

trog

la lechera

melkkan

la bolsa

sak

la reja

heining

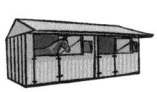

el establo

stal

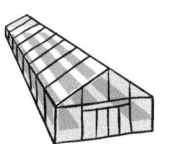

el invernadero

kweekhuis

el suelo

grond

la semilla

saad

el fertilizador

kunsmis

la cosechadora

stroper

cosechar

oes

la cosecha

oes

las batatas

yam

el trigo

koring

la soja

soja

la papa

aartappel

el maíz

koring

la semilla de colza

raapsaad

el árbol frutal

vrugteboom

la mandioca

broodwortel

los cereales

graan

la casa
huis

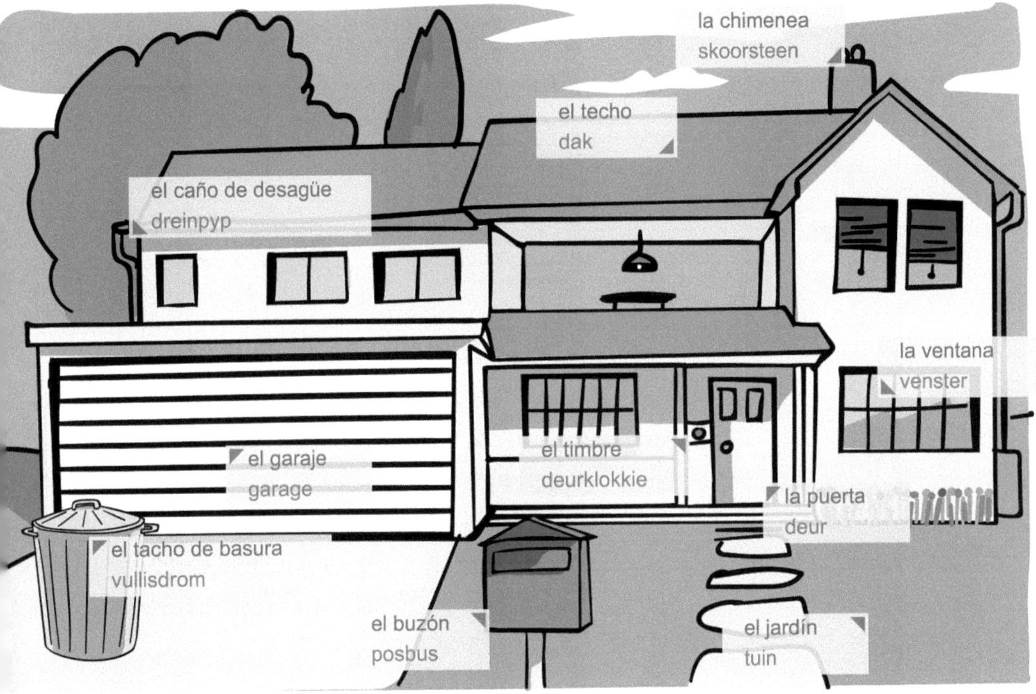

la chimenea
skoorsteen
el techo
dak
el caño de desagüe
dreinpyp
la ventana
venster
el timbre
deurklokkie
el garaje
garage
la puerta
deur
el tacho de basura
vullisdrom
el buzón
posbus
el jardín
tuin

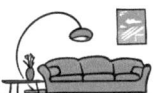

el living

woonkamer

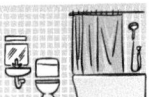

el baño

badkamer

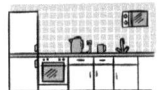

la cocina

kombuis

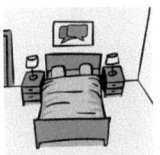

el dormitorio

slaapkamer

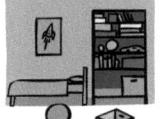

el cuarto de los chicos

kinderkamer

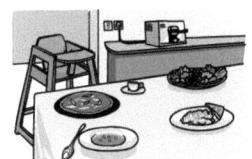

el comedor

eetkamer

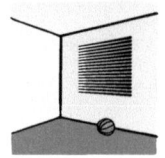

el piso

vloer

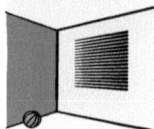

la pared

muur

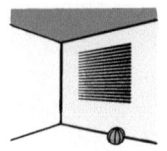

el cielorraso

plafon

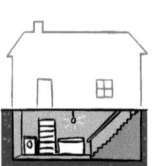

el sótano

kelder

el sauna

sauna

el balcón

balkon

la terraza

terras

la pileta

swembad

la cortadora de pasto

grassnyer

la sábana

beddegoedoortreksel

el acolchado

deken

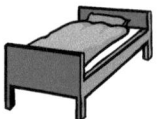

la cama

bed

la escoba

besem

el balde

emmer

el interruptor

skakelaar

el living
woonkamer

el empapelado
muurpapier
la imagen
prentjie
la lámpara
lamp
el estante
rak
el armario
kas
la televisión
televisie
la chimenea
kaggel
la flor
blom
el almohadón
kussing
el sofá
rusbank
el florero
vaas
el control remoto
afstandbeheer

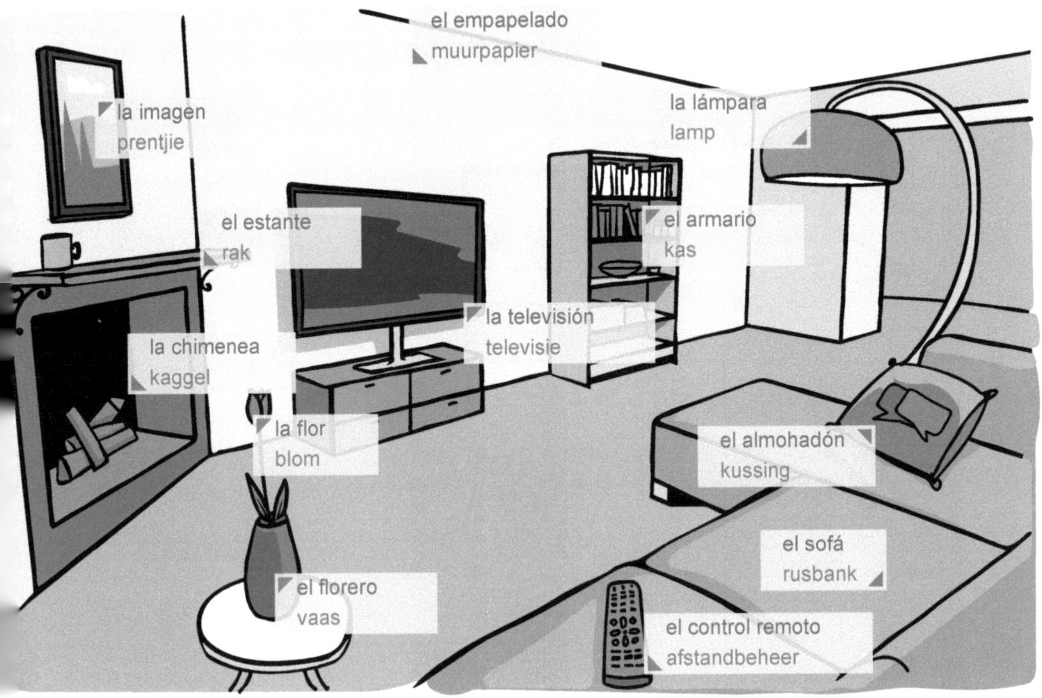

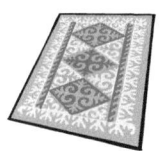

la alfombra

mat

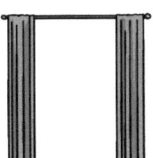

la cortina

gordyn

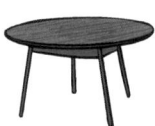

la mesa

tafel

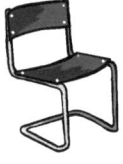

la silla

stoel

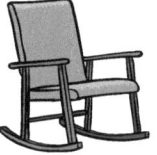

la mecedora

wiegstoel

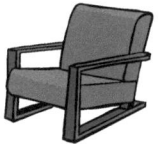

el sillón

leunstoel

el libro

boek

la frazada

kombers

la decoración

versiering

la leña

vuurmaakhout

la película

film

el equipo de música

hoëtroustel

la llave

sleutel

el diario

koerant

la pintura

skildery

el póster

plakkaat

la radio

radio

el cuaderno

notaboekie

la aspiradora

stofsuier

el cactus

kaktus

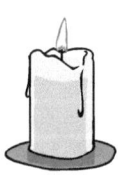

la vela

kers

la cocina
kombuis

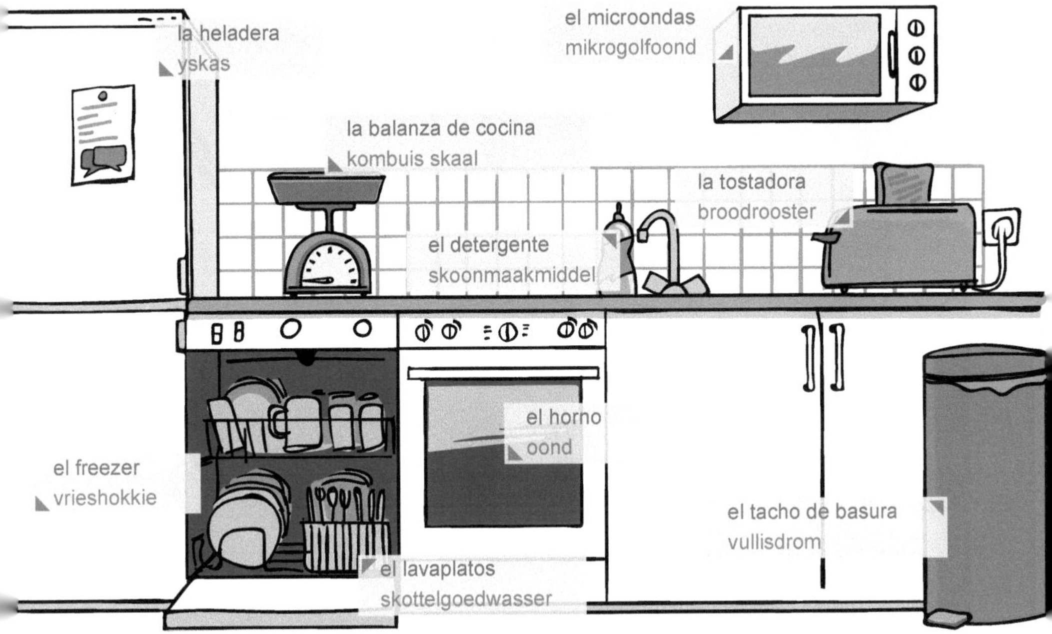

la heladera
yskas
el microondas
mikrogolfoond
la balanza de cocina
kombuis skaal
la tostadora
broodrooster
el detergente
skoonmaakmiddel
el horno
oond
el freezer
vrieshokkie
el tacho de basura
vullisdrom
el lavaplatos
skottelgoedwasser

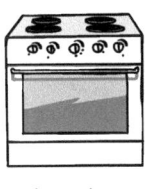

la cocina
drukkoker

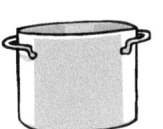

la olla
pot

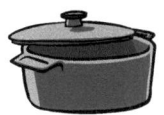

la olla de hierro fundido
ysterpot

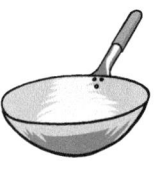

el wok
wok / kadai

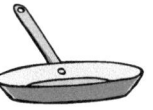

la sartén
pan

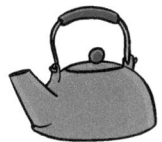

la pava
ketel

la vaporera

stoomkoker

la bandeja de horno

bakplaat

la vajilla

breekware

la taza

beker

el bol

bak

los palitos

eetstokkie

el cucharón

skeplepel

la espátula

spatel

la batidora

klitser

el colador

sif

el colador

sif

el rallador

rasper

el mortero

vysel

la parrilla

braai

la fogata

oop vuur

la tabla de picar

broodplank

el palo de amasar

koekroller

el sacacorchos

kurktrekker

la lata

kan

el abrelatas

blikoopmaker

la manopla

vatlap

la pileta

opwasbak

el cepillo

borsel

la esponja

spons

la batidora

menger

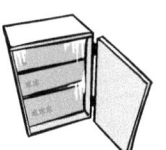

el congelador

vrieskas

la mamadera

bababottel

la canilla

kraan

el baño

badkamer

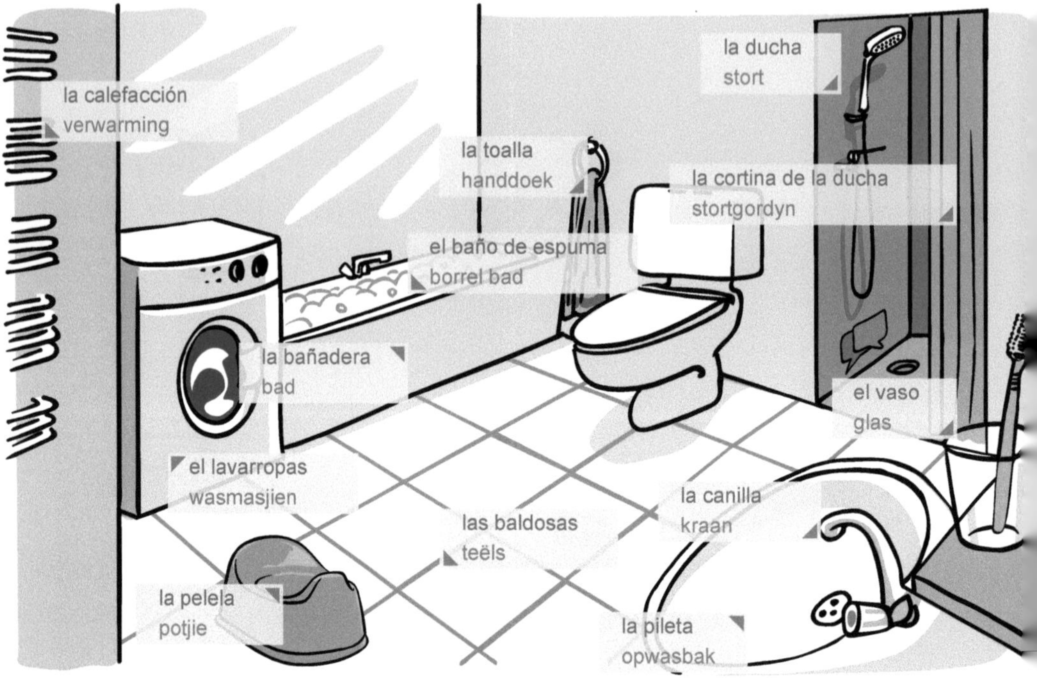

la calefacción
verwarming
la ducha
stort
la toalla
handdoek
la cortina de la ducha
stortgordyn
el baño de espuma
borrel bad
la bañadera
bad
el vaso
glas
el lavarropas
wasmasjien
la canilla
kraan
las baldosas
teëls
la pelela
potjie
la pileta
opwasbak

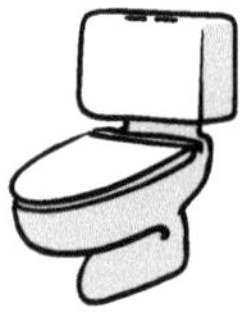

el inodoro

toilet

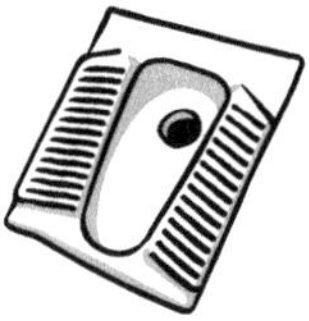

la letrina

hurktoilet

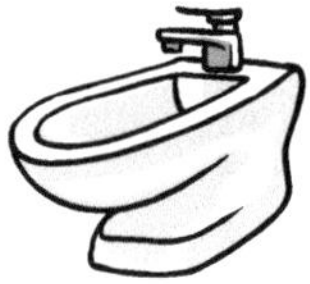

el bidé

bidet

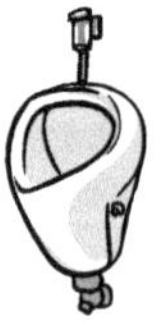

el mingitorio

urinaal

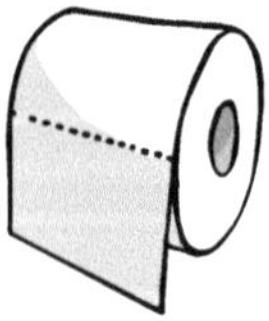

el papel higiénico

toiletpapier

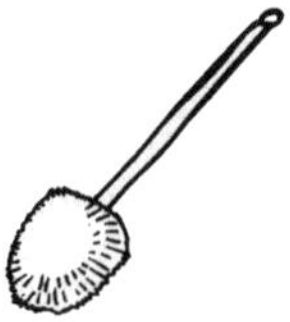

el cepillo para el inodoro

toiletborsel

el cepillo de dientes

tandeborsel

el dentífrico

tandepasta

el hilo dental

tande vlos

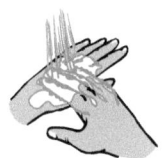

lavar

was

la ducha de mano

handstort

la ducha higiénica

stort

la palangana

wasbak

el cepillo para la espalda

rugkantborsel

el jabón

seep

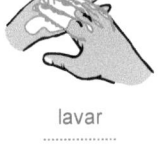

el gel de ducha

stortgel

el shampoo

sjampoe

la toallita

flanel

el desagüe

drein

la crema

room

el desodorante

reukweerder

el espejo

spieël

el espejito

spieëltjie

la maquinita de afeitar

skeermes

la espuma de afeitar

skeerroom

el aftershave

naskeermiddel

el peine

kam

el cepillo

borsel

el secador de pelo

haardroër

el spray

haarsproei

el maquillaje

grimmering

el lápiz de labios

lipstifie

el esmalte para uñas

naellak

el algodón

watte

la tijera para uñas

naelknipper

el perfume

parfuum

el portacosméticos

toiletsakkie

la banqueta

stoel

la balanza

skaal

la bata

badjas

los guantes de goma

rubberhandskoene

el tampón

tampon

la toallita femenina

sanitêre handdoek

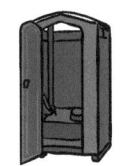

el baño químico

chemiese toilet

el cuarto de los chicos
kinderkamer

el despertador
wekker
el peluche
snoesige speelding
el coche de juguete
speelgoedkarretjie
el sonajero
ratel
la casa de muñecas
pophuis
el regalo
geskenk

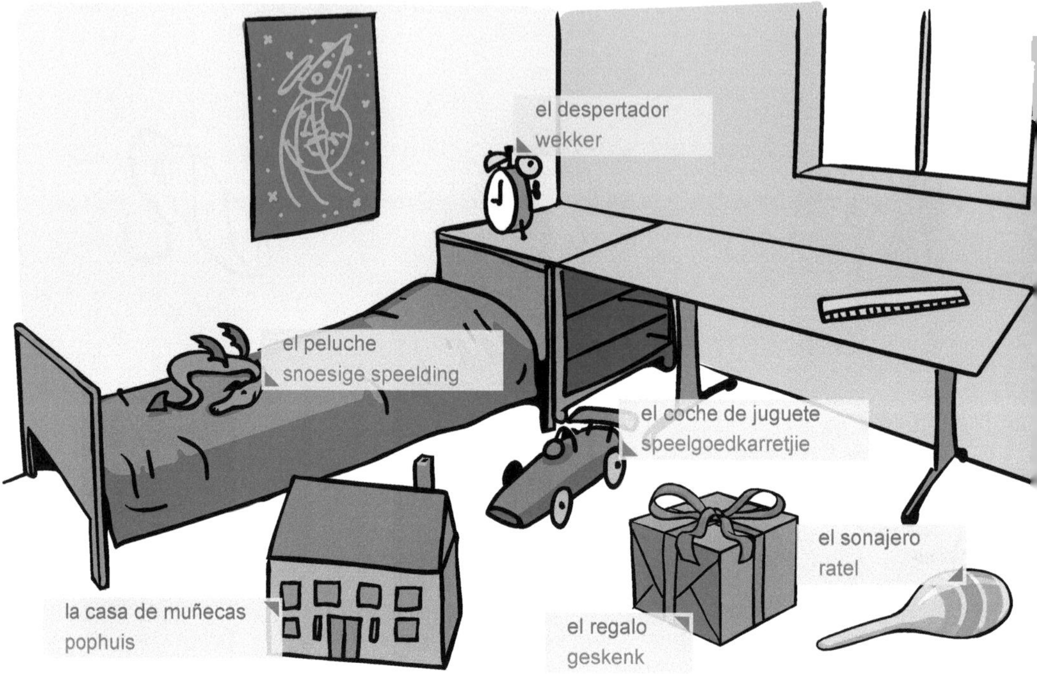

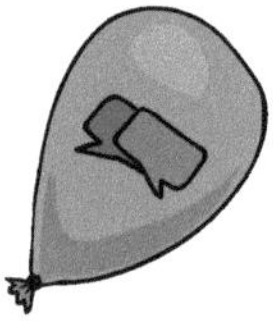

el globo

ballon

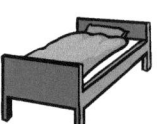

la cama

bed

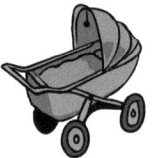

el cochecito

stootwaentjie

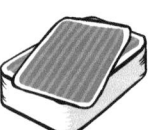

las cartas

kaartespel

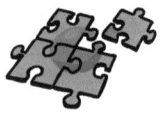

el rompecabezas

legkaart

SUPER MEGA

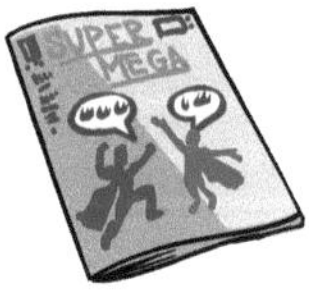

la historieta

tekenprent

las piezas de lego

lego-blokkies

los ladrillos de juguete

speelgoedblokke

la figura de acción

animasieheld

el enterito (de bebé)

groeipakkie

el frisbee

frisbee

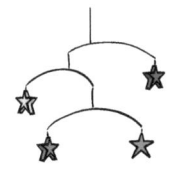

el móvil para bebés

mobile

el juego de mesa

bordspeletjie

los dados

dobbelsteen

el tren eléctrico

model trein stel

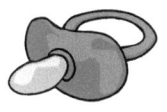

el chupete

fopspeen

la fiesta

partytjie

el libro de cuentos ilustrado

prenteboek

la pelota

bal

la muñeca

pop

jugar

speel

el arenero

sandput

la hamaca

swaai

los juguetes

speelgoed

la consola de videojuegos

videospeletjie-konsole

el triciclo

driewiel

el osito de peluche

teddiebeer

el armario

klerekas

la ropa

klere

las medias

sokkies

las medias panty

kouse

las calzas

broekiekouse

la bufanda
serp

el paraguas
sambreel

la remera
t-hemp

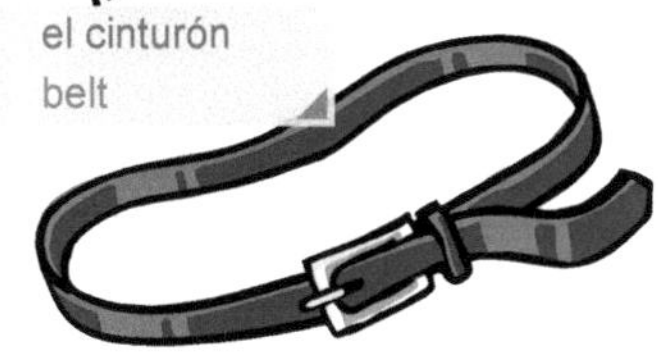

el cinturón
belt

las botas
skoene

las pantuflas
pantoffels

las zapatillas
tekkies

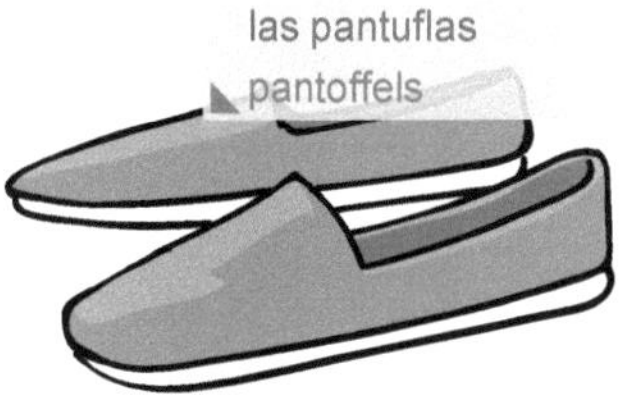

las sandalias

sandale

los zapatos

skoene

las botas de goma

rubber stewels

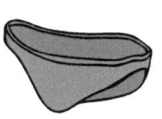

la ropa interior

onderbroek

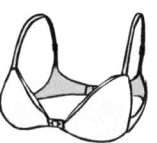

el corpiño

bra

el chaleco

onderbaadjie

el body

liggaam

los pantalones

broek

los jeans

jeans

la pollera

romp

la blusa

bloes

la camisa

hemp

el pulóver

oortrektrui

el buzo

oortrektrui

el blazer

baadjie

la campera

baadjie

el tapado

jas

el piloto

reënjas

el traje

kostuum

el vestido

rok

el vestido de novia

trourok

el traje

pak

el camisón

nagrok

el pijama

pajamas

el sari

sari

el pañuelo para la cabeza

kopdoek

el turbante

tulband

la burka

burqa

el caftán

kaftan

la abaya

abaya

el traje de baño

swembroek

el short de baño

swembroek

los shorts

kortbroek

el jogging

sweetpak

el delantal

voorskoot

los guantes

handskoene

el botón

knoppie

los anteojos

bril

la pulsera

armband

el collar

halssnoer

el anillo

ring

el aro

oorbel

la gorra

pet

la percha

klerehanger

el sombrero

hoed

la corbata

das

el cierre

rits

el casco

helmet

los tiradores

draadjies

el uniforme escolar

skooluniform

el uniforme

uniform

el babero
bib

el chupete
fopspeen

el pañal
doek

la oficina
kantoor

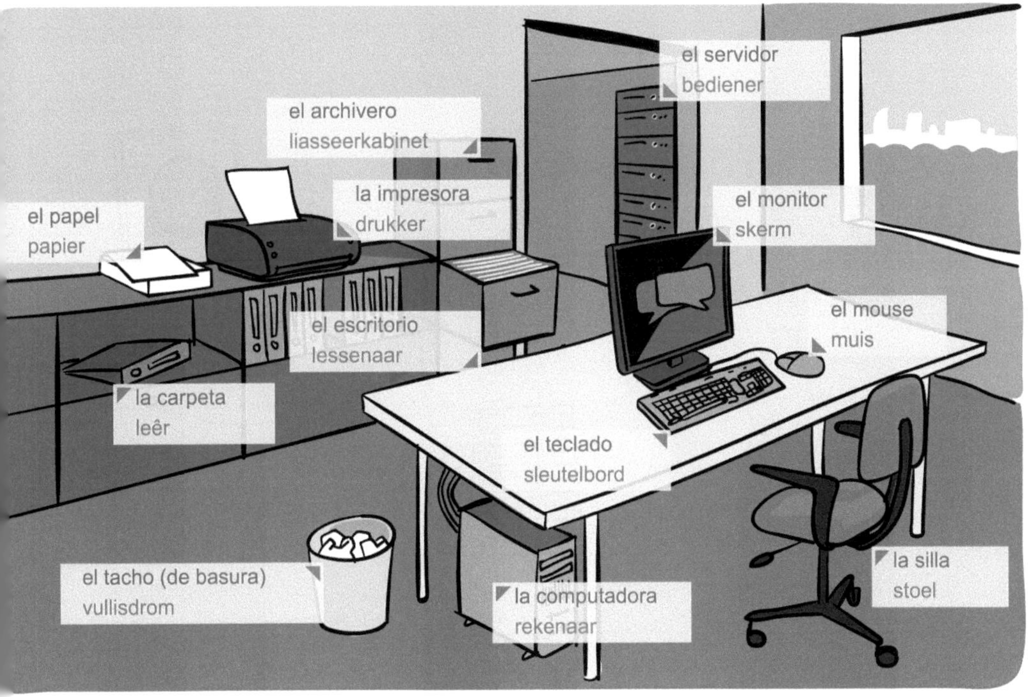

el servidor
bediener

el archivero
liasseerkabinet

la impresora
drukker

el monitor
skerm

el papel
papier

el escritorio
lessenaar

el mouse
muis

la carpeta
leêr

el teclado
sleutelbord

el tacho (de basura)
vullisdrom

la computadora
rekenaar

la silla
stoel

la taza de café
koffiebeker

la calculadora
sakrekenaar

el internet
internet

la laptop

skootrekenaar

la carta

brief

el mensaje

boodskap

el celular

selfoon

la red

netwerk

la fotocopiadora

fotostaatmasjien

el software

sagteware

el teléfono

telefoon

el tomacorriente

muurprop

el fax

faksmasjien

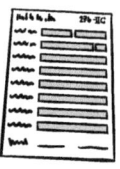

el formulario

vorm

el documento

dokument

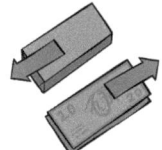

comprar

koop

pagar

betaal

hacer negocios

besigheid doen

el dinero

geld

el dólar

dollar

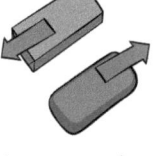

el euro

euro

el yen

yen

el rublo

roebel

el franco suizo

switserse frank

el yuan

renminbi yuan

la rupia

rupee

el cajero automático

kontantteller (ATM)

la casa de cambio

bureau de change

el oro

goud

la plata

silwer

el petróleo

olie

la energía

energie

el precio

prys

el contrato

kontrak

el impuesto

belasting

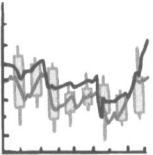

la acción

aandele

trabajar

werk

el empleado

werknemer

el empleador

werkgewer

la fábrica

fabriek

el negocio

winkel

las ocupaciones
beroepe

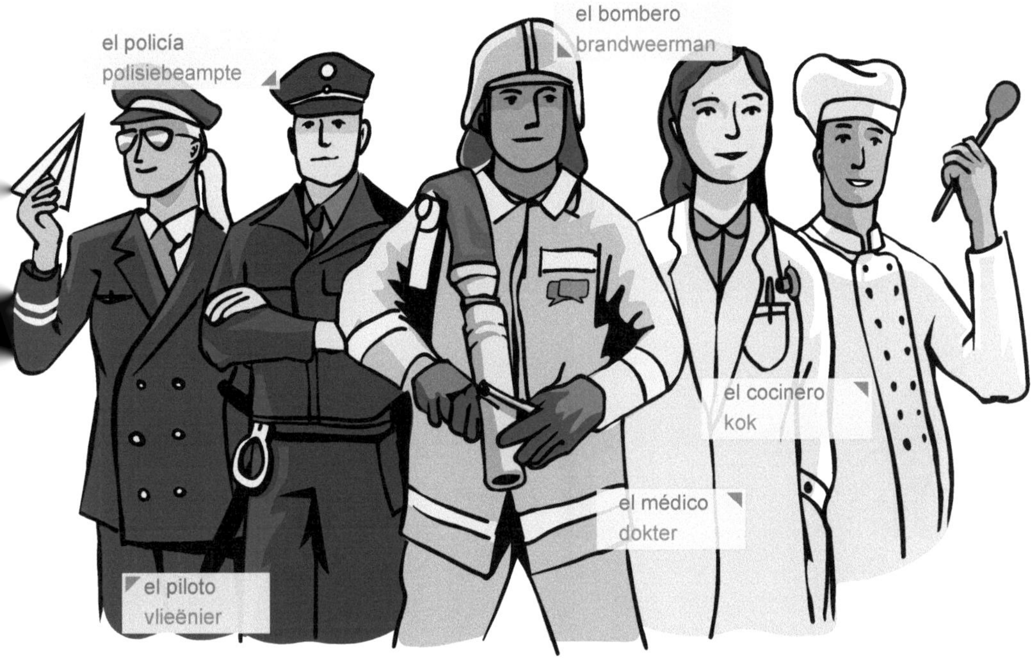
el policía
polisiebeampte
el bombero
brandweerman
el cocinero
kok
el médico
dokter
el piloto
vlieënier

el jardinero

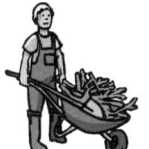

tuinier

el carpintero

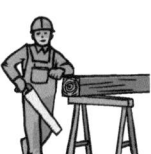

timmerman

la modista

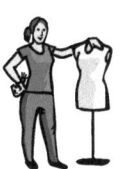

naaldwerkster

el juez

regter

el farmacéutico

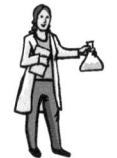

chemikus

el actor

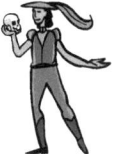

akteur

el colectivero

busbestuurder

el taxista

taxibestuurder

el pescador

visserman

la mucama

skoonmaakvrou

el techista

dakwerker

el mozo

kelner

el cazador

jagter

el pintor

skilder

el panadero

bakker

el electricista

elektrisiën

el albañil

bouer

el ingeniero

ingenieur

el carnicero

slagter

el plomero

loodgieter

el cartero

posman

el soldado

soldaat

el arquitecto

argitek

el cajero

kassier

el florista

bloemiste

el peluquero

haarkapper

el cobrador

kondukteur

el mecánico

werktuigkundige

el capitán

kaptein

el dentista

tandarts

el científico

wetenskaplike

el rabino

rabbi

el imán

imam

el monje

monnik

el sacerdote

predikant

las herramientas
gereedskap

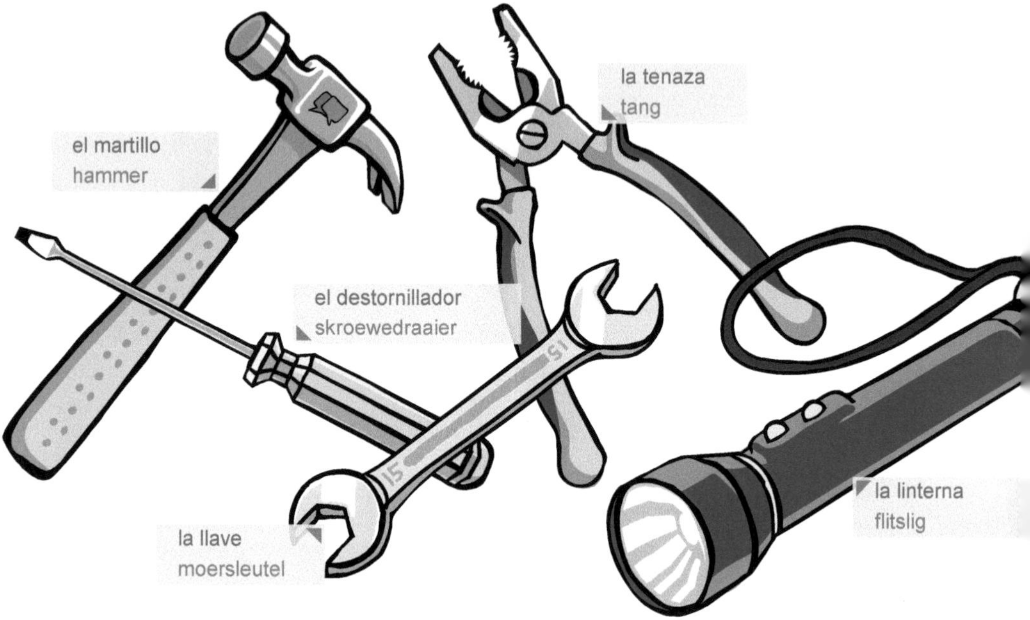
el martillo
hammer
la tenaza
tang
el destornillador
skroewedraaier
la llave
moersleutel
la linterna
flitslig

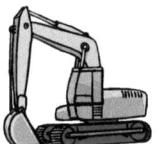

la excavadora

graaftoestel

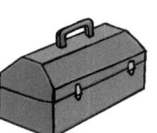

la caja de herramientas

gereedskapskis

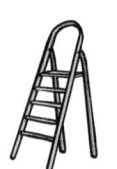

la escalera portátil

leer

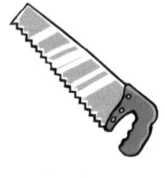

la sierra

saag

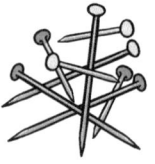

los clavos

naels

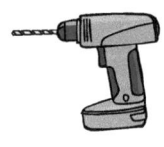

el taladro

boor

arreglar

regmaak

la pala de jardín

graaf

¡Qué bronca!

verdomp!

la pala de plástico

skoppie

el tacho de pintura

verfpot

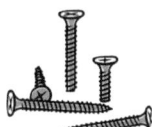

los tornillos

skroewe

los instrumentos musicales
musiekinstrumente

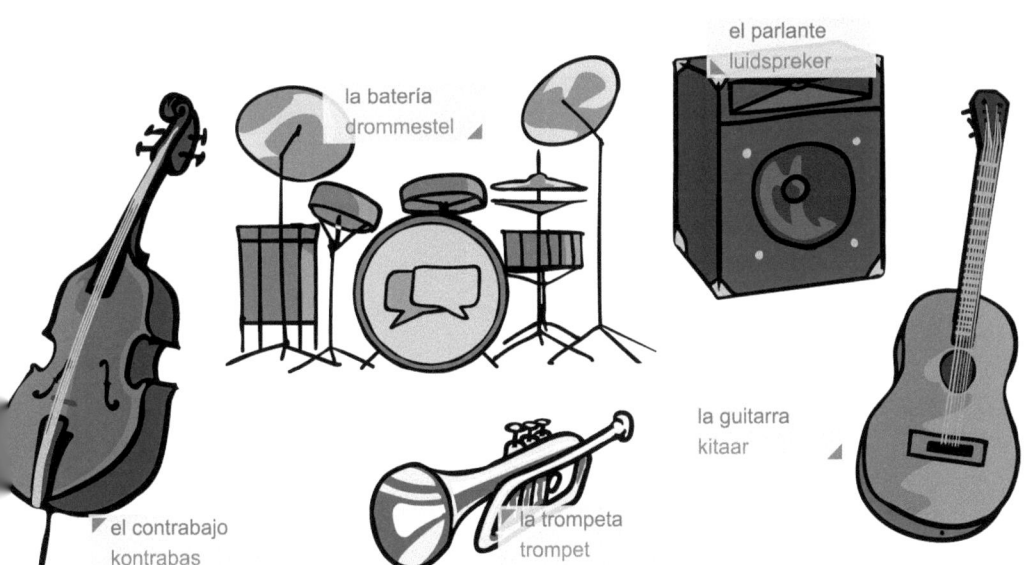

el parlante
luidspreker

la batería
drommestel

la guitarra
kitaar

el contrabajo
kontrabas

la trompeta
trompet

el piano

klavier

el violín

viool

el bajo

bas

los timbales

keteltrom

el tambor

dromme

el teclado

sleutelbord

el saxofón

saksofoon

la flauta

fluit

el micrófono

mikrofoon

el zoológico
dieretuin

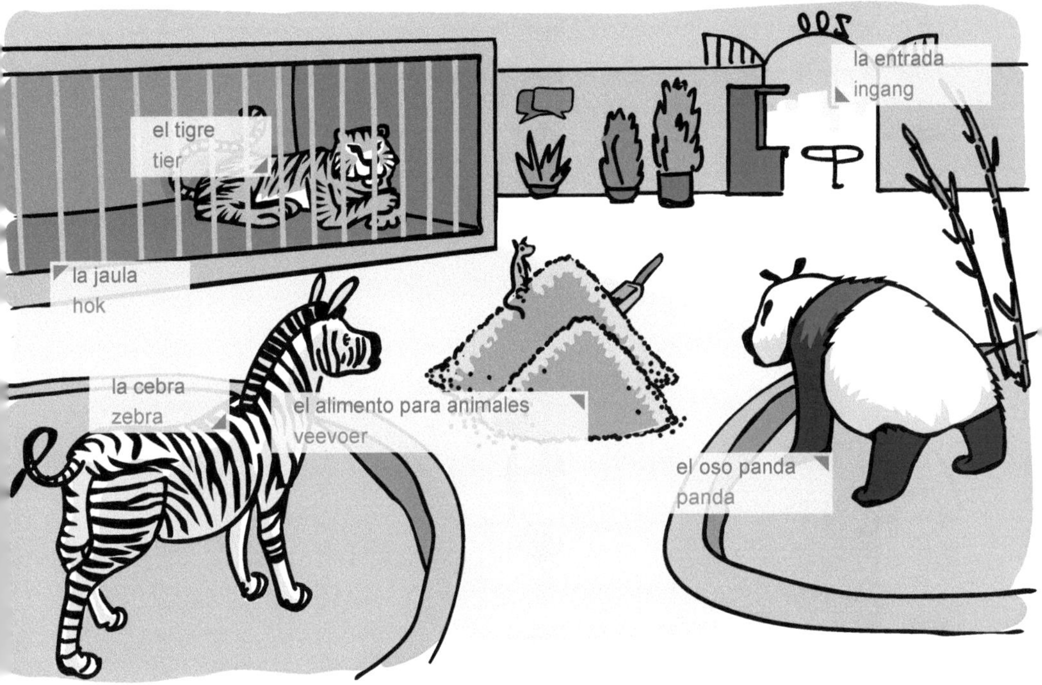

la entrada
ingang
el tigre
tier
la jaula
hok
la cebra
zebra
el alimento para animales
veevoer
el oso panda
panda

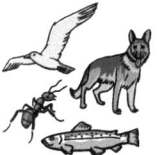

los animales

diere

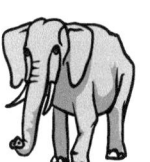

el elefante

olifant

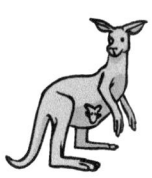

el canguro

kangaroo

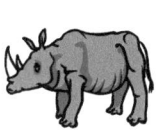

el rinoceronte

renoster

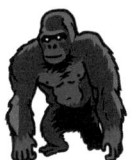

el gorila

gorilla

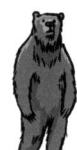

el oso

beer

el camello

kameel

el avestruz

volstruis

el león

leeu

el mono

aap

el flamenco

flamink

el loro

papegaai

el oso polar

ysbeer

el pingüino

pikkewyn

el tiburón

haai

el pavo real

pou

la serpiente

slang

el cocodrilo

krokodil

el cuidador del zoológico

dieretuinopsigter

la foca

rob

el jaguar

jaguar

el poni
ponie

el leopardo
luiperd

el hipopótamo
seekoei

la jirafa
kameelperd

el águila
arend

el jabalí
wildevark

el pescado
vis

la tortuga
skilpad

la morsa
walrus

el zorro
jakkals

la gacela
gemsbok

el fútbol americano
Amerikaanse Voetbal

el ciclismo
fietsry

el tenis
tennis

el básquet
basketbal

la natación
swem

el boxeo
boks

el hockey sobre hielo
ys-hokkie

el fútbol

sokker

el bádminton

pluimbal

el atletismo

atletiek

el handball

handbal

el esquí

ski

el polo

polo

reír
lag

saltar
spring

abrazar
drukkie

caminar
loop

cantar
sing

soñar
droom

rezar
bid

besar
soen

escribir
skryf

dibujar
teken

mostrar
show

presionar
druk

dar
gee

tomar
neem

tener

het

hacer

doen

ser

wees

estar parado

staan

correr

hardloop

tirar

trek

tirar

gooi

caer

val

estar acostado

jok

esperar

wag

llevar

dra

estar sentado

sit

vestirse

aantrek

dormir

slaap

despertar

wakker word

mirar

kyk na

llorar

huil

acariciar

streel

peinar

kam

hablar

praat

entender

verstaan

preguntar

vra

escuchar

luister

beber

drink

comer

eet

ordenar

opruim

amar

liefhê

cocinar

kook

manejar

ry

volar

vlieg

navegar

seil

calcular

bereken

leer

lees

aprender

leer

trabajar

werk

casarse

trou

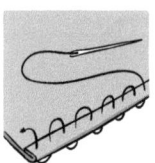

coser

naai

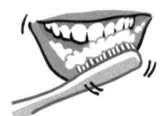

cepillarse los dientes

tande borsel

matar

doodmaak

fumar

rook

enviar

stuur

la abuela
ouma

el abuelo
oupa

el padre
pa

la madre
ma

el bebé
baba

la hija
dogter

el hijo
seun

el invitado

gas

la tía

tannie

el tío

oom

el hermano

broer

la hermana

suster

el cuerpo
liggaam

la frente
voorkop
el ojo
oog
el hombro
skouer
el dedo
vinger
la cara
gesig
la pera
ken
la mano
hand
la pierna
been
el pecho
bors
el brazo
arm

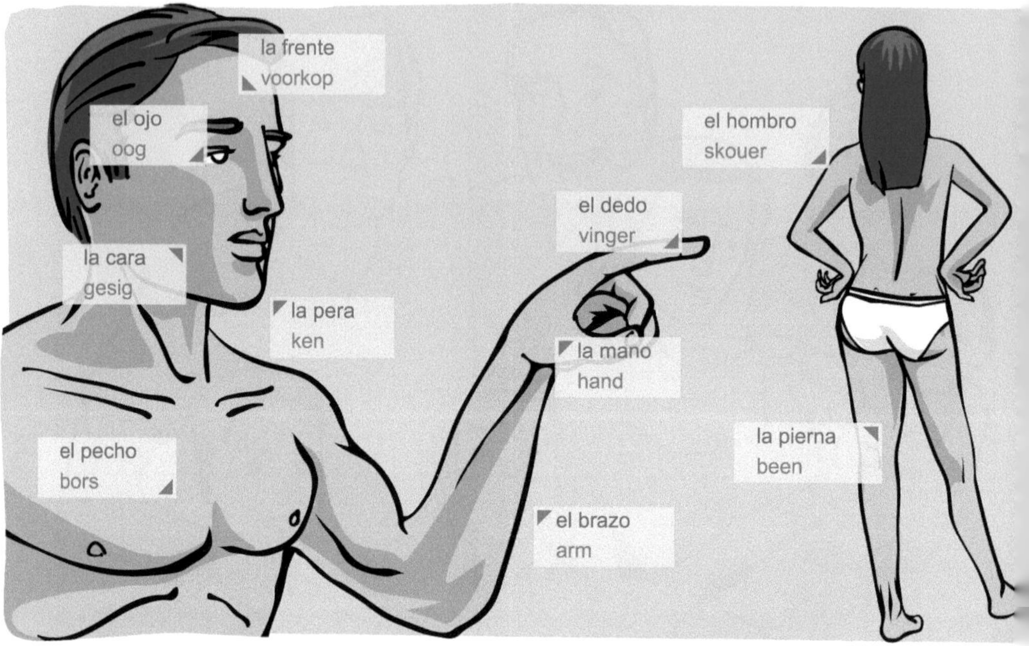

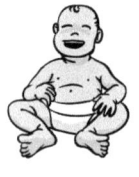

el bebé
baba

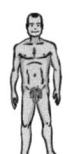

el hombre
man

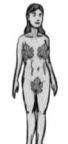

la mujer
vrou

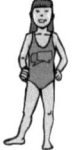

la nena
meisie

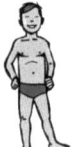

el nene
seun

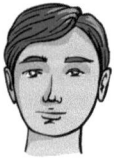

la cabeza
kop

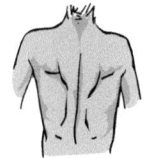

la espalda

rug

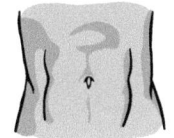

la panza

buik

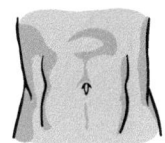

el ombligo

naelstring

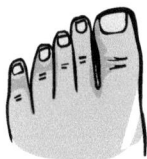

el dedo del pie

toon

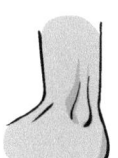

el talón

hak

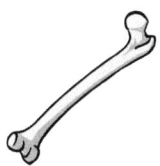

el hueso

been

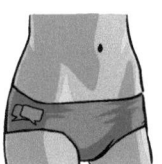

la cadera

heup

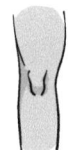

la rodilla

knie

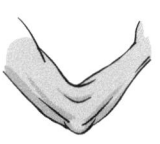

el codo

elmboog

la nariz

neus

la cola

boude

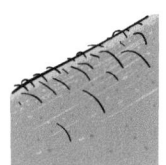

la piel

vel

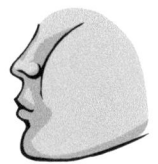

el cachete

wang

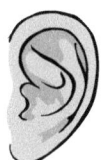

la oreja

oor

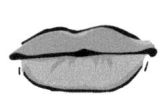

el labio

lippe

la boca

mond

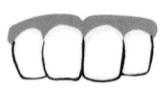

el diente

tand

la lengua

tong

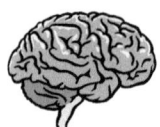

el cerebro

brein

el corazón

hart

el músculo

spiere

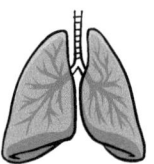

el pulmón

long

el hígado

lewer

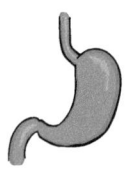

el estómago

maag

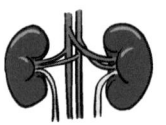

los riñones

niere

el sexo

seks

el preservativo

kondoom

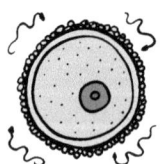

el óvulo

eierstok

el semen

semen

el embarazo

swangerskap

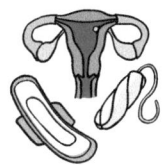

la menstruación

menstruasie

la vagina

vagina

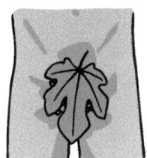

el pene

penis

la ceja

wenkbrou

el pelo

hare

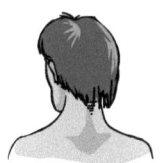

el cuello

nek

el hospital
hospitaal

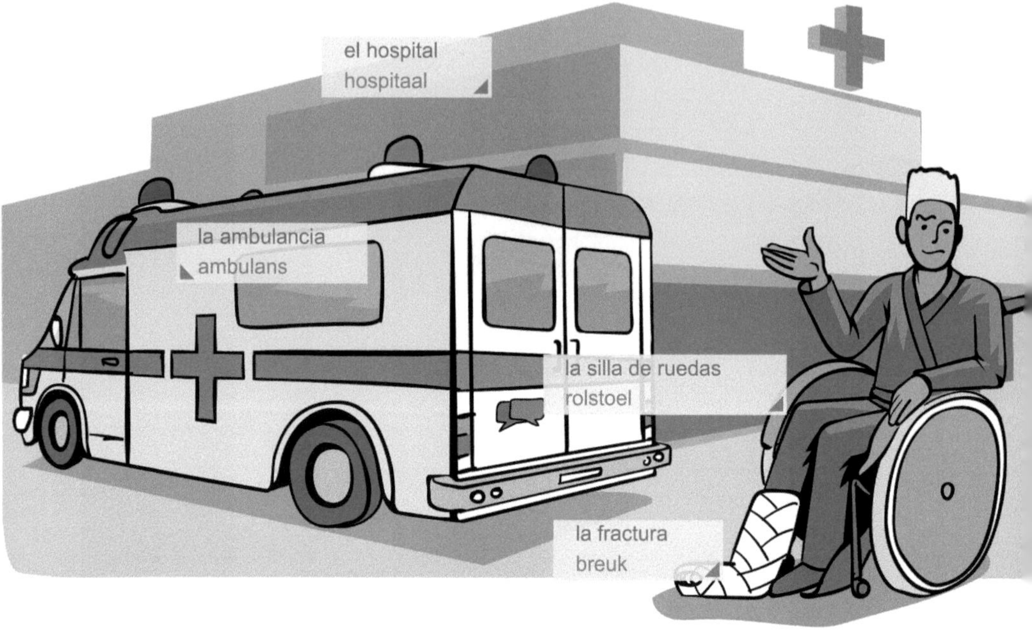

el hospital
hospitaal
la ambulancia
ambulans
la silla de ruedas
rolstoel
la fractura
breuk

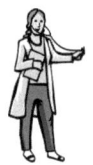

el médico

dokter

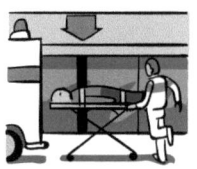

la sala de guardia

ongevalle

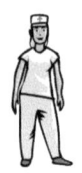

la enfermera

verpleegster

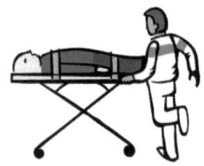

la emergencia

noodgeval

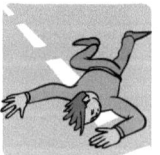

inconsciente

bewusteloos

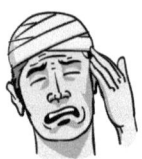

el dolor

pyn

la lesión

besering

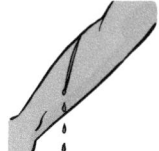

la hemorragia

bloeding

el infarto

hartaanval

el ACV

beroerte

la alergia

allergie

la tos

hoes

la fiebre

koors

la gripe

griep

la diarrea

diarree

el dolor de cabeza

hoofpyn

el cáncer

kanker

la diabetes

diabetes

el cirujano

chirurg

el bisturí

skalpel

la operación

operasie

la TC

CT

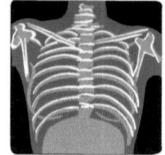

los rayos x

X-straal

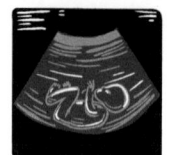

la ecografía

ultraklank

el barbijo

gesigmasker

la enfermedad

siekte

la sala de espera

wagkamer

la muleta

kruk

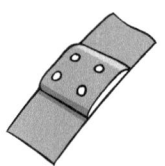

la curita

gips

la venda

verband

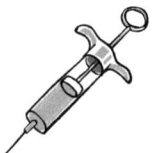

la inyección

inspuiting

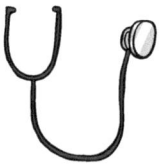

el estetoscopio

stetoskoop

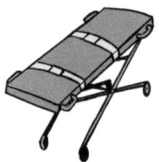

la camilla

draagbaar

el termómetro

kliniese termometer

el nacimiento

geboorte

el sobrepeso

oorgewig

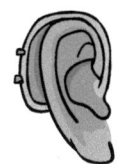

el audífono

gehoorapparaat

el desinfectante

ontsmettingsmiddel

la infección

infeksie

el virus

virus

el VIH / SIDA

MIV / vigs

el remedio

medisyne

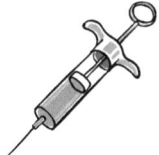

la vacunación

inenting

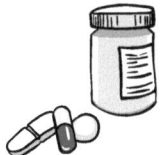

los comprimidos

tablette

la pastilla anticonceptiva

pil

la llamada de emergencia

noodoproep

el tensiómetro

blooddrukmonitor

enfermo / sano

siek / gesond

¡Ayuda!

Help!

la alarma

alarm

la agresión

aanranding

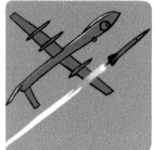

el ataque

aanval

el peligro

gevaar

la salida de emergencia

nooduitgang

¡Fuego!

Brand!

el matafuego

brandblusser

el accidente

ongeluk

el botiquín de primeros
auxilios

noodhulpkissie

el SOS

SOS

la policía

polisie

Europa

Europa

América del Norte

Noord-Amerika

América del Sur

Suid-Amerika

África

Afrika

Asia

Asië

Australia

Australië

el Atlántico

Atlantiese Oseaan

el Pacífico

Stille Oseaan

el Océano Índico

Indiese Oseaan

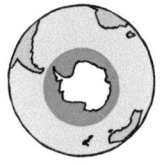

el Océano Antártico

Antarktiese Oseaan

el Océano Ártico

Arktiese Oseaan

el polo norte

Noordpool

el polo sur

Suidpool

la Antártida

Antarktika

la Tierra

aarde

la tierra

land

el mar

see

la isla

eiland

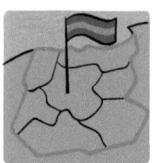

la nación

nasie

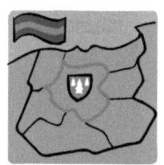

el estado

staat

la esfera

horlosie

la manecilla de las horas

uur-aanwyser

el minutero

minuut-aanwyser

el segundero

sekonde-aanwyser

¿Qué hora es?

Hoe laat is dit?

el día

dag

la hora

tyd

ahora

nou

el reloj digital

digitale horlosie

el minuto

minuut

la hora

uur

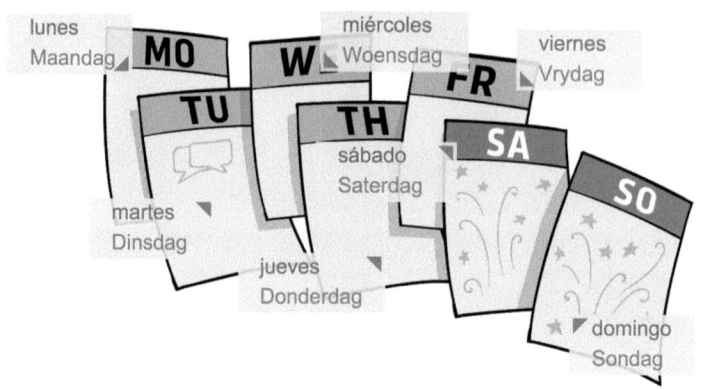

lunes
Maandag

miércoles
Woensdag

viernes
Vrydag

martes
Dinsdag

jueves
Donderdag

sábado
Saterdag

domingo
Sondag

ayer

gister

hoy

vandag

mañana

môre

la mañana

oggend

el mediodía

middag

la tarde

aand

MO	TU	WE	TH	FR	SA	SU
1	2	3	4	5	6	7
8	9	10	11	12	13	14
15	16	17	18	19	20	21
22	23	24	25	26	27	28
29	30	31	1	2	3	4

los días hábiles

werksdae

MO	TU	WE	TH	FR	SA	SU
1	2	3	4	5	6	7
8	9	10	11	12	13	14
15	16	17	18	19	20	21
22	23	24	25	26	27	28
29	30	31	1	2	3	4

el fin de semana

naweek

la lluvia
reën

el arco iris
reënboog

la nieve
sneeu

el viento
wind

la primavera
lente

el otoño
Herfs

el verano
somer

el invierno
winter

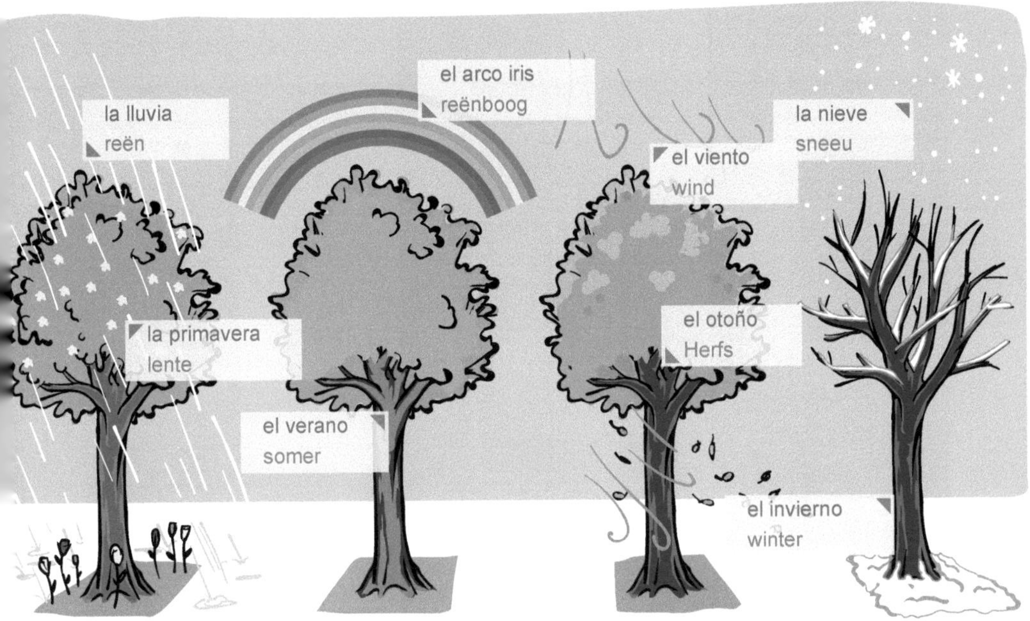

pronóstico meteorológico

weervoorspelling

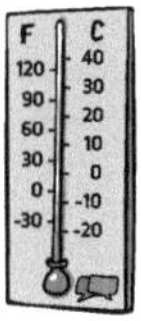

el termómetro

termometer

la luz del sol

sonskyn

la nube

wolk

la niebla

mis

la humedad

humiditeit

el rayo

weerlig

el trueno

donderweer

la tormenta

storm

el granizo

hael

el monzón

reënseisoen

la inundación

vloed

el hielo

ys

enero

Januarie

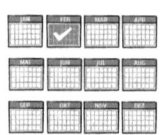

febrero

Februarie

marzo

Maart

abril

April

mayo

Mei

junio

Junie

julio

Julie

agosto

Augustus

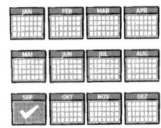

septiembre
....
September

octubre
....
Oktober

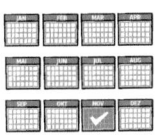

noviembre
....
November

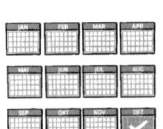

diciembre
....
Desember

las formas

vorms

el círculo
....
sirkel

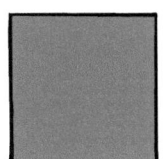

el cuadrado
....
vierkant

el rectángulo
....
reghoek

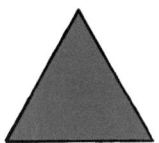

el triángulo
....
driehoek

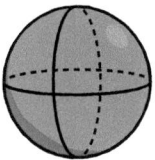

la esfera
....
gebied

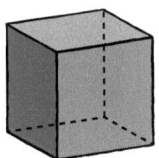

el cubo
....
kubus

blanco

wit

amarillo

geel

naranja

oranje

rosa

pink

rojo

rooi

violeta

pers

azul

blou

verde

groen

marrón

bruin

gris

grys

negro

swart

mucho / poco

'n baie / 'n bietjie

enojado / tranquilo

kwaad / kalm

lindo / feo

pragtig / lelik

el principio / el fin

begin / einde

grande / chico

groot / klein

claro / oscuro

helder / donker

el hermano / la hermana

broer / suster

limpio / sucio

skoon / vuil

completo / incompleto

volledige / onvolledige

el día / la noche

dag / nag

muerto / vivo

dood / lewendig

ancho / angosto

wyd / smal

comestible / no comestible

eetbare / oneetbaar

malo / amable

kwaad / vriendelik

entusiasmado / aburrido

opgewonde / verveeld

gordo / flaco

vet / maer

primero / último

eerste / laaste

el amigo / el enemigo

vriend / vyand

lleno / vacío

vol / leeg

duro / blando

hard / sag

pesado / liviano

swaar / lig

el hambre / la sed

honger / dors

enfermo / sano

siek / gesond

ilegal / legal

onwettige / wettige

inteligente / estúpido

slim / dom

izquierda / derecha

links / regs

cerca / lejos

naby / vêr

nuevo / usado

nuut / tweedehands

nada / algo

niks / iets

viejo / joven

oud / jonk

encendido / apagado

aan / af

abierto / cerrado

oop / toe

silencioso / ruidoso

stil / lawaaierig

rico / pobre

ryk / arm

correcto / incorrecto

reg / verkeerd

áspero / suave

grof / glad

triste / contento

hartseer / gelukkig

corto / largo

kort / lank

lento / rápido

stadig / vinnig

mojado / seco

nat / droog

caliente / frío

warm / koel

guerra / paz

oorlog / vrede

0

cero

nul

1

uno

een

2

dos

twee

3

tres

drie

4

cuatro

vier

5

cinco

vyf

6

seis

ses

7

siete

sewe

8

ocho

agt

9

nueve

nege

10

diez

tien

11

once

elf

12

doce

twaalf

13

trece

dertien

14

catorce

veertien

15

quince

vyftien

16

dieciséis

sestien

17

diecisiete

sewentien

18

dieciocho

agtien

19

diecinueve

negentien

20

veinte

twintig

100

cien

honderd

1.000

mil

duisend

1.000.000

el millón

miljoen

el inglés

Engels

el inglés americano

Amerikaanse Engels

el chino mandarín

Mandaryns

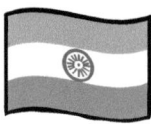

el hindi

Hindi

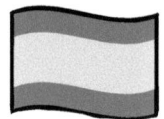

el español

Spaans

el francés

Frans

el árabe

Arabies

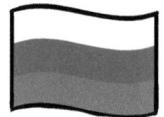

el ruso

Russies

el portugués

Portugees

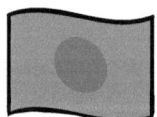

el bengalí

Bengaals

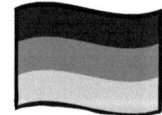

el alemán

Duits

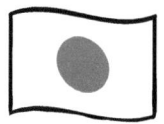

el japonés

Japanees

yo

Ek

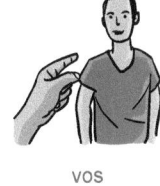

vos

jy

él / ella

hy / sy / dit

nosotros

ons

ustedes

julle

ellos

hulle

¿quién?

wie?

¿qué?

wat?

¿cómo?

hoe?

¿dónde?

waar?

¿cuándo?

wanneer?

el nombre

naam

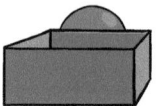

detrás

agter

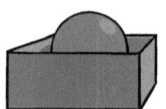

en

in

adelante de

voor

por encima de

oor

sobre

bo-op

debajo de

onder

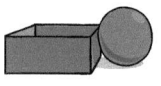

al lado de

langs

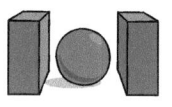

entre

tussen

el lugar

plek